Commentaire

Par Charlotte Heymans

La République

L'art d'imitation

Platon

lePetitPhilosophe.fr

PLATON

PHILOSOPHE GREC À L'ORIGINE DE LA THÉORIE DES IDÉES

- **Né vers 427 av. J.-C. à Athènes**
- **Décédé vers 347 av. J.-C. dans la même ville**
- **Quelques-unes de ses œuvres :**
  - *Apologie de Socrate*
  - *La République*
  - *Le Banquet*

D'origine aristocratique, Platon reçoit l'éducation des enfants de familles princières, appelés à participer aux affaires publiques. Mais les excès des Trente Tyrans et la condamnation de Socrate (470-399 av. J.-C.) le poussent à changer de voie. À la mort de son maitre, il renonce à prendre part à la cité, choisit la voie de la spéculation philosophique, puis ouvre à Athènes son école philosophique, l'Académie, en 387 av. J.-C.

Son œuvre écrite se compose d'un recueil de lettres et de 28 dialogues. Dans ses dialogues de jeunesse (*Apologie de Socrate, Criton, Gorgias*) dits « socratiques », car Socrate y occupe une place de premier rang, Platon renverse les idées fausses sans clore son propos. Progressivement, ses productions s'étoffent et déploient une problématique plus recherchée. C'est dans ses dialogues de maturité (*Phédon, Le Banquet, La République*) qu'il échafaude la théorie des Idées. Enfin, avec ses dialogues critiques (*Théétète, Le Sophiste, Parménide, Le Politique, Philède, Les Lois*), plus érudits et difficiles, Platon, sans désavouer la pensée de son maitre, la discute et la détaille d'un bout à l'autre.

LA RÉPUBLIQUE

LA DÉVALUATION PHILOSOPHIQUE DE L'ART

Composée entre 384 et 377 av. J.-C., *La République* est indéniablement l'ouvrage le plus génial de Platon, de par la diversité de ses interrogations et l'audace de ses explications. C'est à la fois une conversation sur les principes moraux, un questionnement de philosophie politique, un traité d'éducation, un examen épistémologique et un essai de métaphysique.

Lassé de la frénésie démocratique, du manque d'autorité et de la confusion qui domine, Platon entend apporter un fondement rationnel à la politique, dans une œuvre d'ensemble autour de l'idée de justice. Il y peint une cité modèle gouvernée par des philosophes vertueux et préservée des arts d'illusion qui détournent du droit chemin.

MISE EN CONTEXTE

LE CADRE SPATIOTEMPOREL DE *LA RÉPUBLIQUE*

Athènes, cité souveraine de la plaine d'Attique qui porte le nom de sa déesse protectrice, a marqué l'Antiquité par son indépendance politique et par le prestige de sa civilisation. Au **Ve siècle av. J.-C.**, sous l'administration de Périclès (stratège et homme d'État athénien, vers 495-429 av. J.-C.), la capitale atteint **son apogée** : jamais la nation ne sera plus solidaire, la démocratie plus inébranlable, et l'activité intellectuelle plus féconde.

Toutefois, cette fortune effraie les nations voisines : Sparte redoute que sa suprématie gagne la péninsule du Péloponnèse et Corinthe envie son empire commercial. L'accumulation des richesses blesse l'orgueil des autres peuples et soulève chez eux l'indignation, jusqu'à ce qu'Athènes amorce, en **431 av. J.-C.**, une longue et pénible vague de luttes appelées **« guerres du Péloponnèse »**, qui s'achève avec sa déroute en 404 av. J.-C. et la **fin de son hégémonie**.

BON À SAVOIR

Les « guerres du Péloponnèse » désignent le conflit qui opposa deux ligues respectivement constituées autour de Sparte (ligue du Péloponnèse) et Athènes (ligue de Délos) entre 431 et 404 av. J.-C. pour l'hégémonie du monde grec et se déroula en trois phases. La première, de 429 à 421, fit alterner succès et défaites dans les deux camps, et se conclut en 421 par la paix de Nicias.

Or ce traité n'engageait que Sparte et, en 415, le conflit reprit, marqué par une défaite athénienne retentissante à Syracuse. Athènes, en dépit de la défection de nombre de ses alliés, continua les combats jusqu'à ce que, terrassée par la flotte spartiate – aidée par la Perse –, elle soit forcée de capituler en 404.

Selon **Platon**, qui a assisté au déclin de la Grèce classique, la société grecque avait franchi son point de maturité et une métamorphose était inéluctable. Dans *La République*, le philosophe **associe la démocratie athénienne de l'époque à un mauvais gouvernement**, marqué par la suprématie de l'opinion, l'incompétence, la confusion et les désaccords. Régime de liberté absolue, selon Platon, elle favorise et encourage le cosmopolitisme, et elle se caractérise par un pluralisme tolérant qui s'apparente à un régime populiste où personne n'a autorité sur personne et où le pouvoir ne peut s'acquérir qu'en flattant ses égaux.

LA MÉTHODE DIALECTIQUE

Platon recourt dans ses œuvres à la méthode dialectique, qu'il tient de son maitre, **Socrate**. Basée sur le **dialogue entre plusieurs interlocuteurs**, dont Socrate, la dialectique socratique consiste à **rechercher la vérité à propos d'un sujet lié à la nature humaine**. Socrate ne défend pas une thèse, il ne soutient pas ses croyances personnelles face à ses interlocuteurs. Au contraire, il étudie avec eux les diverses propositions mises sur la table. La dialectique ne se présente donc pas comme une bataille entre deux interlocuteurs où chacun aspire à sa réussite sans s'inquiéter de la recherche du vrai. Au contraire, autrui est un allié au côté duquel on cherche à atteindre la vérité. Par ailleurs, tous les interlocuteurs sont pareillement ignorants et doivent rechercher l'issue qui les sauvera de l'aporie (du grec *aporia*, « difficulté »), contradiction qui parait sans solution. Les propositions ne sont soumises à la réfutation que dans le but de parvenir à celle qui ne pourra plus être réfutée. L'examen apparait alors comme un « accouchement en commun de la vérité » : c'est ce qu'on appelle **la maïeutique**.

Cette quête de la vérité amène forcément les interlocuteurs à se questionner sur eux-mêmes et à s'observer. La dialectique ne se définit donc pas uniquement comme la prospection de la vérité ; elle permet aussi d'apprendre à connaitre l'autre et soi-même à travers lui.

La plupart des dialogues platoniciens partent d'une **définition, point de départ de la réflexion philosophique**. « Qu'est-ce que l'imitation en général ? », demande Socrate à Glaucon. Comme le rappelle Socrate dans le livre 10 de *La République* (596a 7-11, p. 336), la véritable définition permet de synthétiser dans un seul vocable la diversité des réalités extérieures. Définir un nom, c'est déjà avancer dans la maitrise de l'être. En effet, on désignera dorénavant par le nom non seulement une individualité brute, mais aussi l'universalité des autres choses.

LA CONVERSATION AVEC GLAUCON

La République consiste en **un long dialogue, rapporté par Socrate**, qui se serait tenu au port du Pirée, vers 410 av. J.-C., durant la fête de Bendis, dans la demeure du riche et pieux métèque (dans la Grèce antique, résident étranger domicilié dans une cité) Céphale. La discussion qu'il rapporte aurait réuni comme principaux protagonistes Céphale lui-même, son fils Polémarque, le sophiste Thrasymaque, l'homme politique Clitophon et les frères cadets de Platon, Adimante et Glaucon. Elle s'ouvre sur un **échange de points de vue à propos de la justice**, puis viennent les premières **objections de Thrasymaque**. Ce dernier déclare avec insolence que la justice est un jeu de dupes, car elle ne sert qu'au plus fort. Répondant au défi lancé par ces allégations, **Socrate « purifie » la notion de justice** des traits qu'on lui assigne habituellement, l'étudie sous tous ses aspects et démontre qu'**elle est *en elle-même* le plus grand des biens pour l'individu**.

Adimante et Glaucon se succèdent ensuite, d'une certaine façon, comme « répondants » de Socrate. Ils s'emploient à reprendre et à développer son argumentation. Fils du roi légendaire Codrus et de Dropide, ils sont de parfaits citoyens par leur naissance et leur sens moral. Le plus âgé, Glaucon, possède d'heureuses dispositions pour l'éloquence. « Trop bien nés » pour entretenir des aspirations vulgaires, ils sont à la recherche de la sagesse. Tels que Platon nous les représente, ils incarnent cette génération en laquelle Socrate avait placé tous ses espoirs.

Nous étudierons ici **la première partie du livre 10** de *La République* qui met en présence **Socrate et Glaucon** en train de s'interroger sur **l'imitation au sens général du terme**, revenant une dernière fois sur l'exclusion (ou non) des poètes de la cité idéale.

TEXTE

L'ART D'IMITATION

Je vois, repris-je, bien des raisons de croire que la cité que nous venons de fonder est la meilleure possible ; mais c'est surtout en songeant à notre règlement sur la poésie que j'ose l'affirmer.

Quel règlement ?

De n'admettre en aucun cas cette partie de la poésie qui consiste dans l'imitation. La nécessité de la rejeter absolument se montre, je crois, avec plus d'évidence encore depuis que nous avons distingué et séparé les différentes facultés de l'âme.

Comment cela ?

Je peux vous le dire à vous ; car vous n'irez pas me dénoncer aux poètes tragiques[1] et aux autres auteurs qui pratiquent l'imitation. Il me semble que toutes les œuvres de ce genre causent la ruine de l'âme de ceux qui les entendent, s'ils n'ont pas l'antidote, c'est-à-dire la connaissance de ce qu'elles sont réellement.

---

1. Les textes de fiction sont majoritairement écrits en vers durant l'Antiquité. Parler de « poésie » antique n'a donc aucun sens : ce n'est pas un genre en tant que tel. On parlera plutôt de « poésie didactique », « lyrique », « mythologique », etc. Représentation théâtrale aux origines religieuses, la poésie tragique se définit par des particularités de jeu et de structure.

et tout ce qui existe sous la terre chez Hadès[3].

Tu parles, dit-il, d'un artiste tout à fait admirable.

Tu doutes de ce que je dis ? demandai-je. Mais, réponds-moi, crois-tu qu'il n'y ait aucun ouvrier semblable ? ou seulement qu'on puisse créer tout cela d'une certaine façon, et d'une autre façon que ce soit impossible ? Ne vois-tu pas que toi-même tu pourrais créer tout cela d'une certaine façon ?

Et quelle est cette façon ?, demanda-t-il.

Elle n'est pas difficile, répondis-je, et elle se pratique diversement et rapidement, très rapidement même, si tu veux prendre un miroir et le présenter de tous côtés ; en moins de rien tu feras le soleil et les astres du ciel, en moins de rien, la terre, en moins de rien toi-même et les autres animaux et les meubles et les plantes et tous les objets dont on parlait tout à l'heure.

Oui, dit-il, des objets apparents, mais sans aucune réalité.

Bien, dis-je, tu tombes juste dans mon idée ; car parmi ces artisans, je pense, il faut compter aussi le peintre, n'est-ce pas ?

Sans doute.

Mais tu vas me dire, je pense, que ce qu'il fait n'a pas de

---

3. Dans la mythologie grecque, Hadès est le frère de Zeus et de Poséidon. Tandis que Zeus domine le ciel et Poséidon la mer, Hadès règne sous la terre. Il est souvent appelé le « maitre des Enfers ».

réalité, et pourtant d'une certaine façon le peintre aussi fait un lit, n'est-ce pas ?

Oui, dit-il, un lit apparent, lui aussi.

Et le menuisier, ne disais-tu pas tout à l'heure qu'il ne fait pas l'idée qui est, selon nous, l'essence du lit, mais un lit particulier ?

Je l'ai dit en effet.

Donc, s'il ne fait pas l'essence du lit, il ne fait pas le lit réel, mais quelque chose qui ressemble au lit réel sans l'être, et si quelqu'un soutenait que l'ouvrage du menuisier ou de quelque autre artisan est une réalité complète, il risquerait de se tromper.

Ce serait du moins, dit-il, le sentiment de ceux qui s'occupent de pareilles questions.

Il ne faut donc pas nous étonner si cet ouvrage est une chose obscure en comparaison de la vérité.

Non, en effet.

Veux-tu maintenant, continuai-je, qu'en prenant ces ouvrages pour exemples nous recherchions en quoi consiste cette imitation ?

J'y consens, dit-il.

Ces lits ne se présentent-ils pas sous trois formes ? L'une qui est la forme naturelle et dont nous pouvons dire, je crois, que Dieu est l'auteur, autrement qui serait-ce ?

Ce ne peut être que lui, à mon avis.

Puis une deuxième, celle du menuisier.

Oui, dit-il.

Et une troisième, celle du peintre, n'est-ce pas ?

Soit.

Ainsi peintre, menuisier, Dieu, ils sont trois qui président à trois espèces de lit.

Oui, trois.

À l'égard de Dieu, soit qu'il ne l'ait pas voulu, soit que ç'ait été une nécessité pour lui de ne pas faire plus d'un lit naturel, en tout cas il a fait unique ce lit qui est le lit essentiel ; mais deux lits de cette nature ou davantage, c'est ce que Dieu n'a pas produit, c'est ce qu'il ne produira point.

Pourquoi ? demanda-t-il.

Parce que, répondis-je, s'il en faisait seulement deux, il en apparaîtrait un troisième, dont ces deux-là réaliseraient l'idée, et celui-là serait le lit essentiel, non les deux autres.

C'est juste, dit-il.

Dieu savait cela, je pense ; aussi voulant être réellement le créateur d'un lit réel, et non le fabricant particulier de tel ou tel lit, il a créé unique le lit essentiel.

C'est ce qui semble.

Veux-tu dès lors que nous donnions à Dieu le nom de créateur de cet objet ou quelque autre nom semblable ?

Il le mérite, dit-il, puisqu'il l'a créé originellement aussi bien que tout le reste.

Et le menuisier, ne l'appellerons-nous pas l'ouvrier du lit ?

Si.

Et le peintre, dirons-nous que lui aussi est l'ouvrier et le producteur de cet objet ?

Nullement.

Alors qu'est-il, selon toi, par rapport au lit ?

Le nom, répondit-il, qui me paraît le mieux lui convenir est celui d'imitateur de la chose dont ceux-là sont les ouvriers.

Bien, dis-je. Alors tu appelles imitateur l'auteur d'un produit éloigné de la nature de trois degrés ?

Justement, dit-il.

C'est ce que sera donc aussi le poète tragique, puisqu'il est imitateur : il sera naturellement de trois rangs après le roi et la vérité, et tous les autres imitateurs aussi ?

Il y a apparence.

Nous voilà maintenant d'accord sur l'imitateur, mais réponds encore à cette question : ce que le peintre se propose d'imiter, est-ce, à ton avis, cet objet unique même qui est dans la nature ou sont-ce les ouvrages des artisans ?

Ce sont les ouvrages des artisans, dit-il.

Tels qu'ils sont, ou tels qu'ils paraissent ? Précise encore ce point.

Que veux-tu dire ? demanda-t-il.

Ceci : si tu regardes un lit obliquement ou de face ou de toute autre façon, est-il différent de lui-même, ou bien, sans être différent, paraît-il être différent ? J'en dis autant de toute autre chose.

C'est la deuxième alternative qui est exacte, dit-il : il paraît être différent, mais ne l'est en rien.

Maintenant considère ceci. Quel but se propose la peinture relativement à chaque objet ? Est-ce de représenter ce qui est tel qu'il est, ou ce qui paraît tel qu'il paraît ; est-ce l'imitation de l'apparence ou de la réalité ?

De l'apparence, dit-il.

L'art d'imiter est donc bien éloigné du vrai, et, s'il peut tout exécuter, c'est, semble-t-il, qu'il ne touche qu'une petite partie de chaque chose, et cette partie n'est qu'un fantôme. Nous pouvons dire par exemple que le peintre nous peindra un cordonnier, un charpentier ou tout autre artisan sans connaître le métier d'aucun d'eux ; il n'en fera pas moins, s'il est bon peintre, illusion aux enfants et aux ignorants, en peignant un charpentier et en le montrant de loin, parce qu'il lui aura donné l'apparence d'un charpentier véritable.

Assurément.

Mais voici, mon ami, ce qu'il faut, selon moi, penser de tout cela : quand quelqu'un vient nous dire qu'il a rencontré un homme au courant de tous les métiers et qui connaît mieux tous les détails de chaque art que n'importe quel spécialiste, il faut lui répondre qu'il est naïf et qu'il est tombé sans doute sur un charlatan ou un imitateur qui lui a jeté de la poudre aux yeux, et que, s'il l'a pris pour un savant universel, c'est qu'il n'est pas capable de distinguer la science, l'ignorance et l'imitation.

Rien de plus vrai, dit-il. [...]

Allons maintenant, considère ceci. Le créateur de fantômes, l'imitateur, disons-nous, n'entend rien à la réalité, il ne connaît que l'apparence, n'est-ce pas ?

Oui.

Ne laissons pas la question à demi traitée : épuisons-la.

Parle, dit-il.

Le peintre, disons-nous, peindra une bride et un mors.

Oui.

Mais c'est le sellier et le forgeron qui les fabriqueront.

Assurément.

Mais celui qui sait comment doivent être faits la bride et le mors, est-ce le peintre ? est-ce même ceux qui les ont fabriqués, le sellier et le forgeron ? n'est-ce pas plutôt celui qui sait s'en servir, le seul écuyer ?

C'est très vrai.

Ne reconnaîtrons-nous pas qu'il en est de même en toutes choses ?

Comment cela ?

Il y a trois arts qui répondent à chaque objet, l'art qui s'en sert, celui qui le fabrique, celui qui l'imite.

Oui.

Or à quoi tendent les propriétés, la beauté, la perfection d'un meuble, d'un animal, d'une action, sinon à l'usage en vue duquel chaque chose est faite, soit par l'homme, soit par la nature ?

À aucune autre chose.

C'est donc une nécessité absolue que celui qui se sert d'une chose soit le plus expérimenté et qu'il vienne dire au fabricant quels effets, bons ou mauvais, produit, à l'usage, l'instrument dont il se sert. Par exemple, le joueur de flûte renseigne le fabricant sur les flûtes qui lui servent à jouer, et c'est lui qui dira comment il faut les faire et le fabricant lui obéira.

Sans doute.

Ainsi donc celui qui sait signale les qualités et les défauts d'une flûte, et l'autre la fabrique sur la foi du premier.

Oui.

Ainsi à propos du même instrument, le fabricant aura sur sa perfection ou son imperfection une foi qui sera juste, parce qu'il est en rapport avec celui qui sait, et qu'il est contraint d'écouter ses avis ; mais celui qui s'en sert a la science.

C'est exact.

Mais l'imitateur apprendra-t-il par l'usage à connaître les objets qu'il peint et à distinguer s'ils sont beaux et bien faits ou non, ou en aura-t-il une opinion juste par les relations qu'il entretient forcément avec celui qui sait et par les instructions qu'il en reçoit, sur la manière de peindre les objets ?

Ni l'un ni l'autre.

Ainsi l'imitateur n'aura ni science ni opinion juste touchant la beauté ou les défauts des objets qu'il peint.

Il semble que non.

Joli imitateur qu'un artiste ainsi renseigné sur les choses qu'il traite !

Joli ! pas précisément.

Cependant il ne se fera pas faute d'imiter sans savoir par où chaque chose est bonne ou mauvaise ; mais selon toute apparence, ce qui semble beau à la foule et aux ignorants sera précisément ce qu'il imitera.

Il ne peut faire autre chose.

Voilà deux points sur lesquels nous sommes, ce me semble, suffisamment d'accord ; c'est tout d'abord que l'imitateur n'a qu'une connaissance insignifiante des choses qu'il imite, et que l'imitation n'est qu'un badinage indigne de gens sérieux ; c'est ensuite que ceux qui touchent à la poésie tragique, qu'ils composent en vers ïambiques[4] ou en vers épiques[5], sont imitateurs autant qu'on peut l'être.

Assurément.

Au nom de Zeus[6], m'écriai-je, cette imitation n'est-elle pas une chose éloignée de trois degrés de la vérité ? L'est-elle, oui ou non ?

Oui.

---

4. En poésie, l'ïambe est une unité rythmique composée d'une syllabe brève et d'une syllabe longue.
5. Le poème épique est un récit d'aventures héroïques rédigé en vers. L'hexamètre (vers de six pieds) dactylique (pied comportant une syllabe longue et deux syllabes brèves) est le mètre par excellence de l'épopée.
6. Dans la mythologie grecque, Zeus est le roi des dieux. Il gouverne le ciel, et détient l'aigle et la foudre pour symboles.

D'un autre côté, sur quelle partie de l'homme exerce-t-elle le pouvoir qu'elle a ?

De quoi veux-tu parler ?

De ceci. La même grandeur, selon qu'elle se présente à nos yeux de près ou de loin, ne paraît pas égale, n'est-ce pas ?

Non, en effet.

Et les mêmes objets paraissent brisés ou droits, selon qu'on les regarde dans l'eau ou hors de l'eau, concaves ou convexes suivant une autre illusion visuelle produite par les couleurs, et il est évident que tout cela jette le trouble dans notre âme. C'est à cette infirmité de notre nature que la peinture ombrée, l'art du charlatan et cent autres inventions du même genre s'adressent et appliquent tous les prestiges de la magie.

C'est vrai.

Contre cette illusion n'a-t-on pas découvert de très beaux remèdes dans la mesure, le calcul et la pesée, de façon que ce qui prévaut en nous, ce n'est pas l'apparence variable de grandeur ou de petitesse, de quantité ou de poids, mais bien la faculté qui a compté, mesuré, pesé ?

Sans doute.

Or on peut regarder toutes ces opérations comme étant l'œuvre de la raison qui est en notre âme.

De la raison, en effet.

Mais à cette faculté qui, après avoir mesuré, indique que certaines choses sont plus grandes ou plus petites les unes que les autres, ou égales entre elles, les mêmes choses apparaissent parfois dans le même temps contraires l'une à l'autre.

Oui.

N'avons-nous pas dit que la même faculté ne pouvait pas porter simultanément deux jugements contraires sur les mêmes choses ?

Et nous avons eu raison de le dire.

Par conséquent, ce qui juge dans l'âme sans égard à la mesure ne saurait être la même chose que ce qui juge d'après les mesures.

Non, en effet.

Mais la faculté qui s'en rapporte à la mesure et au calcul est la meilleure partie de l'âme.

Sans contredit.

Donc ce qui s'oppose à elle est une des parties inférieures de nous-mêmes.

Nécessairement.

C'est à cet aveu que je voulais vous amener, quand je disais que la peinture et en général tout art imitatif accomplit son œuvre loin de la vérité, et que d'autre part il a commerce, liaison et amitié avec la partie de nous-mêmes qui répugne à la sagesse, et ne vise à rien de sain ni de vrai.

C'est très exact, dit-il.

Ainsi, médiocre accouplé à médiocre, l'imitation n'engendre que du médiocre.

Il semble.

S'agit-il seulement, demandai-je, de l'imitation qui s'adresse aux yeux, ou aussi de celle qui s'adresse à l'oreille et que nous appelons poésie ?

De cette dernière aussi, naturellement, dit-il.

Maintenant, repris-je, ne nous en rapportons pas uniquement à l'analogie de la poésie avec la peinture ; pénétrons aussi jusqu'à cette partie même de l'esprit avec laquelle l'imitation poétique a commerce et voyons si cette partie est vile ou estimable.

On ne peut s'en dispenser.

Posons la question de cette manière. La poésie imitative, disons-nous, représente les hommes dans des actions forcées ou volontaires, en conséquence desquelles ils se croient heureux ou malheureux et s'abandonnent en chaque occurrence à la douleur ou à la joie. Fait-elle quelque chose de plus que cela ? [...]

Nous disions alors, repris-je, qu'un homme de caractère modéré à qui il est arrivé quelque disgrâce, comme la perte d'un fils ou de quelque autre objet très cher, porterait cette peine plus aisément que tout autre.

Assurément.

Eh bien maintenant examinons s'il y sera insensible, ou si, cela étant impossible, il saura modérer son chagrin.

C'est plutôt cette seconde alternative qui est la vraie, dit-il. [...]

Or ce qui lui commande de résister, n'est-ce pas la raison et la loi, et ce qui le porte à s'affliger, n'est-ce pas la souffrance même ?

C'est vrai.

Mais quand il y a dans l'homme deux poussées contraires dans le même temps à l'égard du même objet, nous disons qu'il y a nécessairement en lui deux parties.

Sans contredit.

L'une qui est disposée à obéir à la loi dans tout ce qu'elle peut prescrire.

Comment cela ?

La loi dit qu'il n'y a rien de plus beau que de conserver le plus de calme possible dans le malheur et de ne pas se révolter, parce qu'on ne sait pas ce qu'il y a de bon et de mauvais dans ces sortes d'accidents, qu'on ne gagne rien pour la suite à s'indigner, qu'aucune des choses humaines ne mérite qu'on y attache beaucoup d'importance, et que ce qui devrait venir le plus vite possible à notre secours dans ces circonstances en est empêché par le chagrin.

De quoi veux-tu parler ? demanda-t-il.

De la réflexion sur ce qui nous est arrivé, répondis-je. Ici, comme au jeu de dés, il faut contre les coups du sort rétablir sa position par les moyens que la raison démontre être les meilleurs, et, si l'on reçoit un coup, ne pas faire comme les enfants qui portent la main à la partie blessée et perdent le temps à crier ; il faut au contraire habituer constamment son âme à venir aussi vite que possible guérir ce qui est malade, relever ce qui est tombé et à supprimer les lamentations par l'application du remède.

C'est à coup sûr, dit-il, la meilleure conduite à tenir contre les coups de la fortune.

C'est, disons-nous, la meilleure partie de nous-mêmes qui suit ainsi la raison.

Évidemment.

Mais la partie qui nous rappelle notre malheur et nous porte aux gémissements et qui ne peut s'en rassasier, ne la quali-fierons-nous pas de déraisonnable, d'indolente et de lâche ?

Nous la qualifierons ainsi.

Or ce qui se prête à des imitations multiples et variées, c'est la partie irascible ; au contraire le caractère sage et calme, toujours égal à lui-même, n'est pas facile à imiter, ni, si on l'imite, facile à concevoir, surtout pour une foule en fête et pour des gens de toute sorte assemblés dans un théâtre ; car l'état d'âme dont on leur offrirait l'imitation leur est chose inconnue.

Assurément.

Il est évident d'ailleurs que le poète imitateur n'est pas naturellement porté vers ce principe rationnel de l'âme, ni propre, par son talent, à lui donner satisfaction, s'il veut gagner les suffrages de la foule, mais qu'il est fait pour le caractère passionné et varié, qui est facile à imiter.

Évidemment.

Dès lors nous avons raison de nous attaquer à lui tout de suite, et de le mettre sur la même ligne que le peintre ; car il lui ressemble en ce qu'il fait des ouvrages de peu de prix, si on les rapproche de la vérité, et il lui ressemble encore par les rapports qu'il a avec la partie de l'âme qui est de peu de prix aussi, tandis qu'il n'en a pas avec la meilleure. Aussi voyons-nous là une première raison qui nous justifie de lui refuser l'entrée d'un État qui doit être gouverné par de bonnes lois, puisqu'il réveille cette mauvaise partie de l'âme, la nourrit, la fortifie et par-là ruine la raison, ainsi qu'il arrive dans un État, lorsqu'on donne la force et le pouvoir à des méchants et qu'on fait périr les plus sages. De même nous dirons du poète imitateur qu'il implante dans l'âme de chaque individu un mauvais gouvernement, en flattant la partie déraisonnable, qui ne sait pas distinguer ce qui est plus grand de ce qui est plus petit et qui tient les mêmes choses tantôt pour grandes, tantôt pour petites ; qu'il crée des fantômes et qu'il est toujours à une distance infinie de la vérité.

Assurément.

Ce n'est pourtant pas encore le reproche le plus grave que nous ayons à faire à la poésie ; c'est en effet le mal qu'elle peut faire même aux honnêtes gens, mal auquel bien peu échappent, qu'il faut peut-être redouter avant tout.

Assurément, s'il est vrai qu'elle produise un tel effet.

Écoute et juge. Quand les meilleurs d'entre nous entendent Homère ou quelque poète tragique imitant un héros dans l'affliction, qui débite une longue tirade de gémissements ou qui chante son mal en se frappant la poitrine, tu sais que nous éprouvons du plaisir, que nous nous laissons aller à le suivre avec sympathie, et que nous admirons sérieusement le talent du poète qui nous fait sentir ainsi les émotions les plus vives.

Je le sais, et comment pourrais-je l'ignorer ?

Mais lorsqu'un deuil nous frappe nous-mêmes, as-tu remarqué aussi que nous nous piquons du contraire, je veux dire de rester calmes et patients, persuadés que cette conduite convient à l'homme, et qu'il faut laisser aux femmes celle que nous louions tout à l'heure ?

Je l'ai remarqué, dit-il.

Mais a-t-on raison d'applaudir, demandai-je, quand on voit un homme auquel on refuserait, que dis-je ? auquel on rougirait de ressembler, et qu'au lieu d'éprouver du dégoût, on éprouve du plaisir et de l'admiration ?

Non, par Zeus, dit-il, cela ne paraît pas raisonnable.

Non, repris-je, surtout si tu examines la chose de ce point de vue.

Duquel ?

Si tu considères que la partie de notre âme que tout à l'heure nous tâchions de contenir par force quand nous étions nous-mêmes malheureux, qui a soif de larmes, qui voudrait soupirer à son aise et se rassasier de lamentations, parce qu'il est dans sa nature de former de tels désirs, est justement celle que les poètes satisfont et réjouissent dans ces représentations, et que la partie de nous qui est naturellement la meilleure, n'étant pas suffisamment fortifiée par la raison et l'habitude, relâche sa surveillance sur cette partie pleureuse, sous prétexte que ce sont les malheurs d'autrui qu'elle se donne en spectacle et qu'il n'y a pas de honte pour elle d'applaudir et de compatir aux larmes qu'un autre qui se dit homme de bien répand mal à propos, qu'au contraire elle croit en tirer un profit, le plaisir, et qu'elle ne voudrait pas s'en priver en rejetant tout le poème. Il appartient en effet à peu de gens, je crois, de se rendre compte que les sentiments d'autrui passent nécessairement dans nos cœurs ; car, après avoir nourri et fortifié notre sensibilité dans les maux d'autrui, il n'est pas facile de la maîtriser dans les nôtres.

Rien de plus vrai, dit-il.

N'en est-il pas de même à l'égard du ridicule, et quand tu écoutes dans une représentation théâtrale ou dans une conversation privée une bouffonnerie que tu aurais honte de faire toi-même, et que tu y prends un vif plaisir au lieu d'en réprouver la perversité, ne t'arrive-t-il pas la même chose que dans les émotions pathétiques ? Ce désir de faire rire que tu réprimais, lui aussi, par la raison, de peur de passer pour bouffon, tu lui donnes alors carrière à son tour, et, après l'avoir ainsi fortifié, tu te laisses souvent entraîner sans y penser à faire dans les conversations le métier de farceur.

C'est certain, dit-il.

Et à l'égard de l'amour, de la colère et de toutes les passions agréables ou pénibles de l'âme, qui sont, disons-nous, inséparables de toutes nos actions, l'imitation poétique n'a-t-elle pas sur nous les mêmes effets ? Elle les arrose et les nourrit, alors qu'il faudrait les dessécher, elle leur donne le commandement de notre âme, alors qu'elles devraient obéir, pour que nous soyons bons et heureux, et non méchants et misérables.

Je ne saurais dire autrement que toi, dit-il.

Ainsi, Glaucon, repris-je, quand tu rencontreras des admirateurs d'Homère disant que ce poète a été l'instituteur de la Grèce, et que pour l'administration et l'éducation des hommes il mérite qu'on le prenne et qu'on l'étudie, et qu'on règle selon ses préceptes toute sa conduite, il faudra les saluer et les baiser comme des gens du plus grand mérite possible, et leur accorder qu'Homère est le plus grand des poètes et le premier des poètes tragiques, mais se souvenir qu'en fait de poésie il ne faut admettre dans la cité que des hymnes[7] aux dieux et des éloges[8] des gens de bien. Si au contraire tu y reçois la muse[9] plaisante, soit épique, soit lyrique[10], le plaisir et la douleur régneront ensemble dans ton État à la place de la loi et du principe que la communauté reconnaît en toute circonstance pour être le meilleur.

Rien n'est plus vrai, dit-il.

Voilà, repris-je, ce que je voulais dire, en revenant à la poésie, pour me justifier d'avoir précédemment banni de notre république un art aussi frivole : la raison nous en faisait un devoir. Disons-lui encore, pour qu'elle ne nous accuse pas de dureté et de rusticité, que ce n'est pas d'aujourd'hui que date la brouille entre la philosophie et la poésie, témoin ces traits : la chienne glapissante qui aboie contre son maitre, l'homme supérieur en sots bavardages, la bande des philosophes qui ont maîtrisé Zeus, ces penseurs qui coupent les idées en quatre, tant ils sont gueux, et mille autres qui témoignent de leur vieil antagonisme. Malgré cela, protestons hautement que, si la poésie imitative qui a pour objet le

---

7. Un hymne est un chant en l'honneur d'un personnage, d'une grande idée, etc.
8. L'éloge est un genre littéraire qui revient à vanter les mérites d'un individu ou d'une institution. Destinée à l'édification des citoyens, elle peut être proclamée publiquement ou non.
9. Dans la mythologie antique, chacune des neuf déesses qui présidaient aux arts libéraux.
10. Du point de vue historique, le mot « lyrique » fait référence à la figure d'Orphée et à la musique de la lyre (instrument à cordes pincées) qui accompagnait le chant poétique de l'Antiquité.

plaisir peut prouver par quelque raison qu'elle doit avoir sa place dans une cité bien ordonnée, nous l'y ramènerons de grand cœur ; car nous avons conscience du charme qu'elle exerce sur nous ; mais il serait impie de trahir ce qu'on regarde comme la vérité. Toi-même, cher ami, ne sens-tu pas le charme de la poésie, surtout quand tu la regardes dans Homère ?

Je le sens vivement. [...]

PLATON, *La République. Livres 1 à 10*, traduction d'Émile Chambry, Paris, Gallimard, 1992, p. 335-351.

EXPLICATION ET ANALYSE DU TEXTE

LA *MIMESIS*

Dans les textes de *La République* consacrés à l'art et plus particulièrement à **la place du poète dans la cité** (livres 2, 3 et 10), Platon circonscrit son propos autour du **concept de mimesis**, qui désigne l'imitation. Nous verrons ici comment le dialogue platonicien envisage cette notion, comment il l'aborde dans des contextes aussi bien éthiques et politiques qu'ontologiques. En effet, bien que cette étude se limite au dernier livre de *La République*, il est essentiel de faire un bref détour par les livres 2 et 3 du dialogue afin de mieux saisir l'usage et la portée du mot « *mimesis* » dans l'extrait qui nous concerne.

Approche éthique et politique (livres 2 et 3)

À Athènes, à l'époque de Platon, le comportement tant des citoyens que des esclaves, des étrangers, des femmes et des enfants est, depuis le plus jeune âge, façonné par **les récits des poètes** racontés soit de manière officielle au théâtre, soit de façon officieuse à la maison ou à l'école. Pour ce faire, le poète et ses interprètes ont **recours à l'imitation**. En se fondant dans la personnalité de leur personnage parfois au mépris de leur propre identité, ils mettent en scène **un système de valeurs qui doit inspirer les individus**. Ils cherchent à ce que leur public s'identifie aux personnages mythiques (dieux, démons, héros, etc.) qui illustrent, par leur attitude et leurs agissements, les valeurs devant guider l'action individuelle et collective. Le public est ainsi convié à se conformer aux comportements qui sont évoqués.

De ce fait, l'imitation représente une importante **menace du point de vue éthique (moral) et politique** : d'une part, elle change la conduite des poètes et des acteurs, d'autre part, elle modifie celle de leur public. Dès lors, selon Platon, **l'activité poétique ne peut être autorisée que si elle fait l'objet d'un contrôle** initié par le fondateur de la cité ou par le philosophe. Accorder une entière liberté aux poètes reviendrait à accepter que la cité et le citoyen ne soient plus animés par la raison, mais par des sentiments tels que le plaisir et la souffrance.

Ainsi, si la fonction d'éducateur propre au poète est remise en question dans les livres 2 et 3 de *La République*, c'est pour écarter tout risque d'escalade de la déchéance en l'homme et dans la cité.

Approche ontologique (livre 10)

Une critique ultime de l'imitation

Le livre 10 s'ouvre sur un commentaire de Socrate qui se félicite d'avoir institué la meilleure et la plus juste des cités, notamment en raison du règlement établi par rapport à la poésie. Mais, surtout, le philosophe suggère que, depuis les livres 2 et 3, dans lesquels il a longuement statué sur le sort qu'il fallait réserver aux poètes au sein de la cité, tout ce qui a été écrit est venu confirmer les conclusions alors avancées : les livres 4 à 9 ont légitimé l'obligation de contrôler les productions des poètes tragiques.

Mais puisque la thématique du risque mimétique a déjà été si amplement traitée, pourquoi l'aborder à nouveau ? De plus, **l'attaque se fait ici plus virulente** que dans les livres 2 et 3 qui ne censuraient pas complètement les tragédiens imitateurs, mais leur imposaient de proposer uniquement des comportements reflétant la bonne manière d'agir. Dans le livre 10, Socrate n'y va pas par quatre chemins en invitant l'assemblée à « n'admettre en aucun cas cette partie de la poésie qui consiste dans l'imitation ». Et d'ajouter : « La nécessité de la rejeter absolument se montre, je crois, avec plus d'évidence encore depuis que nous avons distingué et séparé les différentes facultés de l'âme. »

La cause réside dans l'apparition d'**un nouvel argument**, absent des livres 2 et 3, **qui motive ce refus catégorique de la poésie mimétique**. En effet, les enseignements délivrés dans les livres 4 à 9 nous permettent de comprendre ce que les livres II et III n'avaient pas abordé lorsqu'ils mettaient en exergue les conséquences pathologiques des œuvres poétiques. Le livre 10 réunit ces enseignements et les réorganise dans une ultime critique de la dimension imitative de la poésie.

Une condamnation générique : l'exemple des trois lits

Dans le livre 10, l'imitation ne se limite plus au seul mode narratif de la tragédie : il s'agit dorénavant de **l'imitation en général**, de l'ensemble des procédés imitatifs, allant de la poésie dans sa globalité à la peinture. Socrate avance l'hypothèse qu'il existe un genre de l'imitation, au sein duquel il est possible d'englober tous les imitateurs. Le livre 10 projette donc d'expliquer comment et sur quel type d'objet l'imitateur générique œuvre grâce à **l'exemple des « trois lits »**.

L'ultime exemple qui condamne le genre de l'imitation se situe en quelque sorte à l'intersection de **deux ordres** : celui de l'activité divine, qui est irréprochable, et celui de l'activité humaine, qui est chargée de défauts. Plus précisément, Socrate distingue **un artisan divin et deux artisans humains**. Ces derniers créent **trois sortes de lits** : la forme du lit façonnée par l'être tout-puissant, des lits fabriqués par le technicien et enfin cette diversité de lits produits par l'imitateur en suivant ses propres méthodes. Les trois artisans peuvent être désignés comme le dieu, le menuisier et le peintre :

- le dieu, « artisan naturel », conçoit le lit réel ;
- le technicien réalise des meubles qui constituent des lits ;
- l'imitateur produit des imitations de lit.

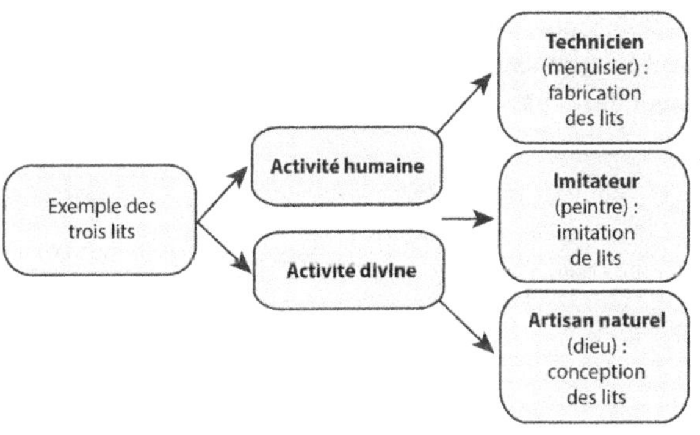

Socrate assure ensuite que **trois degrés distancient le dieu, le menuisier et l'imitateur**, mais il s'agit moins de degrés d'éloignement mimétique que de niveaux d'éloignement ontologique (branche de la philosophie spécialisée dans l'étude de l'être) et épistémologique (étude critique des sciences pour déterminer leur origine logique, leur valeur et leur impact). **L'imitateur est éloigné de trois rangs par rapport à la nature, à la vérité**, car il ne produit pas une imitation de la chose elle-même, du lit lui-même, ni même du lit fabriqué par le technicien : **il imite ce à quoi ressemble la chose**, il façonne son « apparence fantasma-tique », à l'instar du tragédien des livres 2 et 3 qui imitait les personnages divins et héroïques. Sous le terme générique d'« imitateur », nous pouvons donc ranger tous les peintres et poètes qui s'adonnent à l'imitation.

Socrate réunit **à la tête de la véritable connaissance trois entités : le roi, le dieu et la vérité**. Autrement dit, seul le roi, c'est-à-dire le gouvernant savant, détient la vérité. Selon le philosophe, pour posséder la vraie maitrise des choses, il faut notamment connaitre l'utilité de l'objet technique au cœur de la cité.

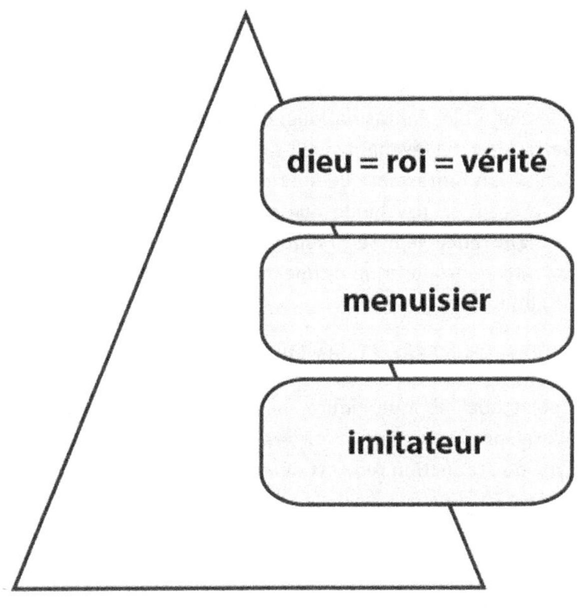

Ainsi, pour conclure, « il y a **trois arts** qui répondent à chaque objet, l'art qui s'en sert, celui qui le fabrique, celui qui l'imite ». Et ces trois arts correspondent aussi à **trois modes de perception** : l'utilisateur, dans la mesure où il connait la science de l'objet réel tout comme ce qui est adapté à ce dernier, se voit forcé de communiquer au fabricant un avis juste et franc à propos de cet objet. Le rôle de l'usager est donc uniquement pédagogique en venant « dire au fabricant quels effets, bons ou mauvais, produit à l'usage, l'instrument dont il se sert ». La connaissance que le fabricant possède n'est donc pas la réalité de l'objet, mais une certaine façon de le fabriquer et d'en produire différents modèles sensibles. Finalement, l'imitateur se situe en dehors du véritable savoir des choses : il n'est informé que d'un objet fantasmatique, celui que d'autres trouvent beau. Ainsi, en revenant sur l'usage savant, la fabrication et l'imitation fantasmatique qui résultent de ces trois modes de perception psychique que sont **la science, l'opinion, et l'ignorance**, le livre 10 répond parfaitement au désir de Socrate de proposer un ultime récapitulatif sur la situation de l'imitation.

Une attaque contre la défaillance de l'âme

L'objet que fabrique l'imitateur constitue une apparence. N'exigeant aucun réel savoir venant de son concepteur, ce type de production requiert néanmoins la même ignorance de la part du spectateur de l'illusion mimétique. En effet, étant donné qu'il doit imiter « ce qui semble beau à la foule et aux ignorants », l'imitateur ne peut mettre en pratique son don qu'à la seule condition que son public n'en connaisse pas plus que lui. **Quel est dès lors le moteur de ce talent d'imitation qui constitue une puissance efficace qui ne s'appuie cependant pas sur un savoir ?**

Selon Socrate, **l'imitateur génère des illusions d'optique qui relèvent de la sensation** et qui appartiennent du coup au domaine de l'erreur psychique. De fait, **soumise aux sensations, l'âme formule nécessairement, d'après le philosophe, des raisonnements faux** : « C'est à cette infirmité de notre nature que la peinture ombrée, l'art du charlatan et cent autres inventions du même genre s'adressent et appliquent tous les prestiges de la magie. » Toutefois, si

Socrate déplore que « tout cela jette le trouble dans notre âme », il signale tout de même qu'il existe **une solution adéquate à ces bouleversements : faire bon usage de la raison**. Cependant, l'utilisation de la faculté rationnelle peut être perturbée, voire attaquée par l'exercice d'autres facultés psychiques (comme le désir, les émotions, etc.), engendrant un conflit au sein de l'âme. Dans le cas d'une **lutte dans l'âme entre la raison et le désir**, l'imitation en profite encore pour accroitre la force de la faculté désirante, au mépris de la faculté rationnelle. En représentant des personnages qui n'arrivent pas à refréner ou à contenir leurs désirs, le spectacle poétique soumet les citoyens à de semblables déchirements.

De cette manière, Socrate nous apprend que **tout savoir suppose des conditions psychiques spécifiques**. La disposition de l'âme, c'est-à-dire l'agencement de ses diverses puissances, constitue la cause et la justification de sa capacité à telle ou telle perception. Partant, on peut avancer que les multiples perceptions ne dépendent pas, au fond, de l'apparition ou non d'un certain objet (un être humain, un rêve, une réalité intelligible), mais bien davantage de la prédisposition de l'âme et de la façon dont elle appréhende et envisage ce qui lui est sans arrêt montré. Le livre 10 rend bien compte des dispositions de l'âme qu'implique ou encourage l'imitation. L'imitateur est la personne qui exagère une tendance, en la contentant jusqu'à ce que la personnalité du spectateur change. Notons néanmoins que si le poète ou le peintre façonne l'âme de façon affligeante, c'est parce que cette dernière est capable de l'être et qu'elle semble attendre ce modelage mimétique.

RECONSIDÉRER LA *MIMESIS* : UNE OPTIQUE PLATONICIENNE

La première moitié du livre 10 de *La République* constitue **un exemple notable de la nature « autocorrective » de la dialectique de Platon**. Comme nous l'avons vu précédemment, la thématique de la poésie mimétique et de son rôle dans la cité idéale y est reprise. Il s'agit à la fois d'un retour en arrière et d'un nouveau commencement : dès les premiers vers du livre, Socrate revient (de façon problématique) sur les conclusions des livres 2 et 3 tout en proposant, dans le même temps, un ultime examen.

Pour certains critiques, le fait que Platon revienne encore une fois sur les thèmes de la poésie et de la mimesis est obscur. Mais en réalité, le dialogue poursuit un chemin d'exploration, ce qui l'amène parfois à faire marche arrière. Le fait que le début du livre 10 représente un nouveau départ n'est sans doute aucunement lié à l'organisation de l'ouvrage. Il s'agit bien plus d'un élément constitutif de la mentalité dialectique qui est présente au sein de l'œuvre.

Si Platon reconsidère la mimesis, c'est aussi pour **pousser ses lecteurs à mettre en pratique son concept de l'imitation**. Étant donné que le dialogue platonicien **ne conduit jamais à des conclusions irrévocables** (par nature, la forme du dialogue n'est aucunement figée), étant donné qu'il nécessite une investigation continue du savoir et de la vérité, nous devons également concevoir que nos propres interprétations demeurent toujours provisoires. Ce principe implique l'exercice d'une solide rationalité éternellement révisable. Dans le livre 10, Socrate fait remarquer le caractère temporaire de ses conclusions en acceptant l'éventualité d'écouter les réactions ou les réflexions des poètes eux-mêmes. Malgré ce qu'il considère comme « une rivalité ancienne entre la philosophie et la poésie », Socrate ajoute « protestons hautement que, si la poésie mimétique qui a pour objet le plaisir peut prouver par quelque raison qu'elle doit avoir sa place dans une cité bien ordonnée, nous l'y ramènerons de grand cœur, car nous avons conscience de l'ensorcellement qu'elle exerce sur nous ». Alors qu'il s'agit ici d'une des affirmations les plus explicites de la dimension temporaire des arguments avancés dans les entretiens, cet extrait constitue aussi très clairement une manière pour le philosophe de suggérer à ses lecteurs de continuer eux-mêmes le débat en entamant une discussion avec le dialogue platonicien.

CONCLUSION

Qu'est-ce finalement que **l'imitation** en général ? C'est **la reproduction de l'image d'un objet matériel qui ne constitue lui-même que la transcription d'une pensée**. L'artisan qui produit un meuble emprunte des éléments à la forme de ce meuble, dont dieu est le créateur, tandis que l'artiste qui le peint se borne à copier la production de l'artisan. Son tableau a donc moins de consistance que le meuble et encore moins que l'archétype. L'imitation est donc **très éloignée de la vérité**. De plus, elle exacerbe une prédisposition dans l'âme du spectateur au point que la personnalité de ce dernier se modifie. Dès lors apparait, encouragé par la reproduction mimétique, un état d'esprit imparfait. La raison du spectateur est entravée par le plaisir tragique ou poétique, considéré comme irrationnel. Toutefois, bien que Socrate condamne sans détour « cet art aussi frivole », **il ne bannit pas définitivement l'imitation de la cité idéale**, mais accepte l'éventualité de « la laisser entrer, quand elle sera justifiée, soit dans un chant lyrique, soit dans toute autre espèce de mètre ».

Du reste, l'œuvre de Platon a suscité **une grande diversité d'interprétations** qui illustre la richesse des textes du philosophe. On a tour à tour considéré Platon comme un révolutionnaire et un gardien des traditions, comme un fasciste et un communiste, ou encore comme un réformateur farouchement pragmatique et un rêveur inoffensif. Son immense œuvre **a traversé les âges et a influencé durablement notre conception du monde**. La postérité a conservé de lui des idées telles que l'obligation des gouvernements à s'occuper du bonheur des citoyens, l'absence de politique acceptable sans une compréhension préalable de l'être humain, l'importance d'apporter les modifications nécessaires aux régimes et, pour ce faire, de participer au développement de la formation de tous, et finalement l'union d'une autorité maximale avec une liberté maximale en guise de régime politique idéal.

Votre avis nous intéresse !
Laissez un commentaire sur le site de votre librairie en ligne
et partagez vos coups de cœur sur les réseaux sociaux !

POUR ALLER PLUS LOIN

- Alpha Encyclopédie. *La grande encyclopédie universelle en couleurs*, tome 2, sous le haut patronage de Louis Armand, Paris, La Grange Batelière, 1968.
- ANNAS (Julia), *Introduction à* La République *de Platon*, traduction de Béatrice Han, Paris, PUF, 1994.
- DIXSAUT (Monique), *Études sur* La République *de Platon. De la justice*, Paris, Vrin, 2005.
- PLATON, *La République. Livres 1 à 10*, traduction d'Émile Chambry, Paris, Gallimard, 1992.
- PLATON, *Œuvres complètes*, traduction d'Émile Chambry, Paris, Librairie Garnier Frères, 1936, tome 1.
- PRADEAU (Jean-François), *Platon. L'imitation de la philosophie*, Paris, Aubier-Flammarion, 2009.
- ROGUE (Christophe), *Comprendre Platon*, Paris, Armand Colin, 2002.
- SCHUHL (Pierre-Maxime), *L'Œuvre de Platon*, Paris, Vrin, 1971.

Rendez-vous sur lepetitphilosophe.fr et découvrez :

Plus de 1200 analyses
Claires et synthétiques
Téléchargeables en 30 secondes
À imprimer chez soi

www.lepetitphilosophe.fr

ISBN version numérique : 978-2-8062-4584-7
ISBN version papier : 978-2-8062-4624-0
Dépôt légal : D/2017/12603/542

Conception numérique : Primento,
le partenaire numérique des éditeurs.